Le plu [illegible] u monde

Une énorı [illegible] rès d'une ferme.

Elle est très orgueilleuse.

"Je suis," dit-elle, "la plus grande grenouille du monde."

"Je suis," dit-elle, "le plus grand animal du monde."

grenouille	frog
étang	pond
près d'une ferme	near a farm
orgueilleuse	proud/arrogant
le/la plus grand/e	the biggest
du monde	in the world

Un jour elle voit trois petites grenouilles qui rentrent en courant. Elles ont peur.

"D'où venez-vous?" demande la grande grenouille.

"De la ferme," répondent les trois petites grenouilles.

Un jour	One day
voit	sees
rentrent en courant	are running home
peur	frightened
D'où	where from
répondent	reply/answer

"Et pourquoi avez-vous peur?" demande la grande grenouille.

"Nous avons rencontré un bœuf!" répondent les petites.

"Un bœuf?" répète la grande grenouille. "Qu-est-ce que c'est un bœuf?"

pourquoi	why
rencontré	met
un bœuf	an ox
qu'est-ce que c'est…?	what is…?

"Un bœuf? C'est un énorme animal, qui habite la ferme," répond une des petites.

"Un énorme animal? Aussi énorme que moi? Je ne le crois pas!" dit la grande grenouille.

"Ah non! Un bœuf est plus grand que toi. Beaucoup plus grand que toi," répondent les petites.

aussi énorme que	as big as
beaucoup plus grand que	much bigger than
Je ne le crois pas	I don't believe it

"Beaucoup plus grand que moi! Impossible! Regardez comme je suis grande!"

Et la grande grenouille commence à se gonfler.

"Voilà que je suis grande! Plus grande qu'un bœuf, n'est-ce pas?"

"Non!" disent les petites." Un bœuf est plus grand que ça!"

Regardez comme	Look how
commence à	begins to
se	herself
gonfler	puff out/inflate
disent	say
ça	that

PAM!

"Plus grand que ça, hein? Regardez-moi bien!"

Et la grande grenouille se gonfle de nouveau; elle se gonfle et elle se gonfle …

"Le … bœuf," dit-elle avec difficulté, "n'est pas … aussi … grand … que … moi …, n'est-ce … pas?"

"Mais si," répondent les petites. "Un bœuf est le plus grand animal du monde."

La grande grenouille orgueilleuse ne le croit pas et se gonfle toujours.

Tout d'un coup … PAN! elle se crève; elle éclate! Il n'en reste que de tout petits morceaux.

"Ah oui," répètent les petites tristement. "Le bœuf est le plus grand animal du monde."

Regardez-moi bien	Take a good look at me
de nouveau	once again
Mais si	Oh yes it is
ne le croit pas	doesn't believe it
se gonfle toujours	keeps on puffing herself out
tout d'un coup	suddenly
se crève	bursts
éclate	blows up
il n'en reste	all that remains of her
morceaux	bits/shreds
tristement	sadly

Le Chien et le Lion

Un chien marche le long du chemin.

Tout d'un coup il voit un énorme lion qui dort sous un arbre à côté du chemin.

Le chien a peur. On dit que le lion est l'animal le plus féroce du monde. Le chien tremble.

Il passe devant le lion … doucement … doucement … sur la pointe des pattes.

le long du chemin	along the road
voit	sees
dort	is asleep
un arbre	a tree
à côté de	by the side of
On dit que	People say that
doucement	quietly
sur la pointe des pattes	on tiptoe

Le chien retourne par le même chemin.

Le lion est sous l'arbre. Il dort toujours.

Le chien a peur. "Le lion va peut-être se réveiller! Le lion a faim peut-être! S'il me voit, il me dévorera!"

Doucement … tout doucement … sans quitter le lion des yeux, le chien passe devant le lion.

par le même chemin	by the same road
toujours	still
se réveiller	wake up
a faim	is hungry
S' (Si)	if
me dévorera	will eat me up
sans quitter le lion des yeux	without taking his eyes off the lion

Quelques jours plus tard le chien passe par le même chemin.

Il a peur car il s'attend à voir le lion. Il tremble déjà.

Et voilà le lion qui dort sous l'arbre.

Le chien s'arme de courage et sans regarder le lion, poursuit son chemin.

En retournant le soir, le chien voit le lion qui dort toujours sous l'arbre.

"Je suis passé déjà trois fois par ce chemin et le lion n'a rien fait. Pourquoi trembler? Pourquoi avoir peur? Courage, mon vieux!" se dit-il. "Il n'est pas aussi féroce qu'on dit."

Et le chien courageux poursuit son chemin.

Quelques jours plus tard	some days later
car	because
s'attend à voir	is expecting to see
déjà	already
sans regarder	without looking at
poursuit son chemin	continues on his way
En retournant le soir	coming back that evening
trois fois	three times
n'a rien fait	hasn't done anything
pourquoi	why
mon vieux	old chap
se dit-il	he says to himself
aussi féroce que	as dangerous as

Z...Z...Z...Z...Z...Z..

Quelques jours plus tard le chien se trouve sur le même chemin.

Cette fois le lion ne dort pas! Il est debout sous l'arbre et regarde approcher le chien.

"Bonjour, M. Le Chien," dit le lion. "Il fait beau aujourd'hui, n'est-ce pas? Une belle journée pour un voyage. Vous voyagez loin?"

Et le chien ne sait quoi dire.

"Il n'est pas féroce," se dit le chien.

"Il est poli …" se dit-il.

"Et gentil. Que je suis stupide! On dit que les lions sont les animaux les plus féroces du monde. Mais ce n'est pas vrai. Je ne le crois pas. Il a l'air sympathique."

cette fois	this time
ne dort pas	isn't asleep
debout	standing
une belle journée	a beautiful day
Vous voyagez loin?	Are you going far?
ne sait quoi dire	doesn't know what to say
poli	polite
gentil	kind/nice
a l'air sympathique	looks friendly

"Bonjour, M. Le Lion," répond le chien. "Une belle journée en effet. Pas loin. Je retourne ce soir. Au revoir!"

"Au revoir!" dit le lion et il sourit.

en effet	indeed
pas loin	not far
sourit	smiles

Activités

1. Imagine-toi une conversation entre deux enfants qui ne s'aiment pas. Ils se vantent.

Exemple:
"Je suis plus grand/e que toi!"
"Je suis plus sportif/sportive que toi!"
Dessine les deux enfants.

2. A ton avis, qu'est-ce qui va se passer à la fin de l'histoire? Est-ce que le lion va manger le chien? Ecris deux ou trois phrases.

3. De quoi as-tu peur? Demande à tes amis. Fais un sondage de toutes les choses dont vous avez peur.

Exemple:

des souris	3 personnes
des araignées	4 personnes
des chauve-souris	2 personnes

Thomas Nelson & Sons Ltd
Nelson House Mayfield Road
Walton-on-Thames Surrey
KT12 5PL UK

Nelson Blackie
Wester Cleddens Road
Bishopbriggs
G64 2NZ UK

Thomas Nelson Australia
102 Dodds Street
South Melbourne
Victoria 3205 Australia

Nelson Canada
1120 Birchmont Road
Scarborough Ontario
M1K 5G4 Canada

First published by
Thomas Nelson and Sons Ltd 1995

ITP Thomas Nelson is an
International Thomson Publishing Company
ITP is used under licence

ISBN 0-17-440006-3
NPN 9 8 7 6 5 4 3 2 1

Printed in Hong Kong

Illustrated by Mik Brown